BEI GRIN MACHT SICH IHR
WISSEN BEZAHLT

AF151557

- Wir veröffentlichen Ihre Hausarbeit, Bachelor- und Masterarbeit

- Ihr eigenes eBook und Buch - weltweit in allen wichtigen Shops

- Verdienen Sie an jedem Verkauf

Jetzt bei www.GRIN.com hochladen und kostenlos publizieren

Bibliografische Information der Deutschen Nationalbibliothek:

Die Deutsche Bibliothek verzeichnet diese Publikation in der Deutschen National-
bibliografie; detaillierte bibliografische Daten sind im Internet über http://dnb.d-
nb.de/ abrufbar.

Impressum:

Copyright © 2005 GRIN Verlag, Open Publishing GmbH
Druck und Bindung: Books on Demand GmbH, Norderstedt Germany
ISBN: 978-3-668-11090-8

Dieses Buch bei GRIN:

http://www.grin.com/de/e-book/182879/die-christliche-auferstehungshoffnung-in-
heutiger-sicht

Stefan Prill

Die christliche Auferstehungshoffnung in heutiger Sicht

GRIN Verlag

GRIN - Your knowledge has value

Der GRIN Verlag publiziert seit 1998 wissenschaftliche Arbeiten von Studenten, Hochschullehrern und anderen Akademikern als eBook und gedrucktes Buch. Die Verlagswebsite www.grin.com ist die ideale Plattform zur Veröffentlichung von Hausarbeiten, Abschlussarbeiten, wissenschaftlichen Aufsätzen, Dissertationen und Fachbüchern.

Besuchen Sie uns im Internet:

http://www.grin.com/

http://www.facebook.com/grincom

http://www.twitter.com/grin_com

FACHARBEIT

von Stefan Prill

im Grundkurs Evangelische Religion
am Kreisgymnasium Halle

Jahrgangstufe 12/II

Schuljahr 2005/2006

Thema:

Die christliche Auferstehungshoffnung in heutiger Sicht

1. Einleitung

1.1 Begründung und Ziel der Facharbeit

Im 1. Halbjahr 2005/06 beschäftigten wir uns im Ev. Religionsunterricht mit dem Thema Christologie. Da sich das Thema der Facharbeit an den Unterricht anschließen sollte, lag es nahe, auch für die Facharbeit ein Thema oder eine Fragestellung aus dem Themenkomplex Christologie zu wählen. Auch aus persönlichem Interesse entschied ich mich dann, das Zentrum des christlichen Glaubens, die Auferstehung Jesu Christi, zu untersuchen. Besonders in einer, zum großen Teil, säkularisierten Welt, in der auf der einen Seite viele Kirchenaustritte, bezogen auf Deutschland, zu verzeichnen sind, aber auf der anderen Seite sich die Kirche als Konsequenz dessen, der Zeit immer mehr anpasst, ist es interessant zu untersuchen, in welchem Licht die heutige Welt ein Ereignis vor zweitausend Jahren betrachtet – die Auferstehung Christi.

Genau damit beschäftigt sich diese Facharbeit. Wie sahen die Menschen vor rund zweitausend Jahren dieses Ereignis und was bedeutet es für die Menschen heute? Wo liegen die Unterschiede und was für eine Entwicklung ist zu verzeichnen? Ist die Auferstehung in einer Welt, die immer moderner und fortschrittlicher, aber auch stressiger wird, überhaupt noch von existentieller Bedeutung?

Ziel der Facharbeit ist es, sich mit diesen Fragestellungen zu befassen und eine Übersicht verschiedener Positionen zu geben.

1.2 Gliederung

Die Facharbeit ist in vier Bereiche gegliedert. Die Einleitung, den ersten Hauptteil, den zweiten Hauptteil und das Fazit. Der erste Hauptteil beschäftigt sich mit der Historizität der Auferstehung und zeigt, dass ein Glaube an die Auferstehung Christi aus historischer Sicht möglich ist. Der zweite Hauptteil führt vier unterschiedliche Deutungen bzw. Interpretationen im Zusammenhang mit der Auferstehung an. Dabei vertreten zwei Deutungen eine traditionsgemäße Position und zwei weitere Deutungen eine vornehmlich kritische Position. Traditionsgemäße Position und kritische Position wechseln sich jeweils ab. Die paulinische Deutung und die Deutung Bonhoeffers sind traditionsgemäße Stimmen, bei der Bultmannschen und bei der Lüdemannschen Interpretation handelt es sich um kritische Stimmen zur Auferstehung.

2. Die Historizität der Auferstehung

Bevor näher auf die Deutung und die Interpretation der Auferstehung Christi eingegangen wird, erscheint es sinnvoll, kurz auf die Historizität der Auferstehung einzugehen. In 3.1 wird sich zeigen, dass Paulus noch eine weit tiefgehendere Zusammengehörigkeit zwischen Kreuzigung und Auferstehung sieht als einen kausalen Zusammenhang, doch zunächst muss als Bedingung für die Auferstehung erst einmal die Kreuzigung vorhergegangen sein.

Dass die Kreuzigung stattgefunden haben muss, ist unstrittig, denn neben den biblischen Berichten existieren auch zahlreiche außerbiblische Quellen[1], z. T. auch von römischen Autoren, welche als historisch zuverlässig und authentisch gelten.

Der Theologe und Philosoph Dr. Heinzpeter Hempelmann urteilt folgendermaßen über den Tod bzw. die Kreuzigung Jesu:

„Er [der Tod Jesu] ist eines der bestbezeugten Ereignisse der Antike. Es gibt keinerlei Anhaltspunkte für einen wissenschaftlich begründeten Zweifel. Wiederum gilt, dass die Zeugen für diesen Sachverhalt nicht nur aus dem Jüngerkreis stammen. Auch die jüdische Kultusbehörde, die im Übrigen jedes Interesse an dem tatsächlichen und ordnungsgemäßen Vollzug der Hinrichtung haben musste, hat sich bezeichnenderweise den - doch so nahe liegenden - Einwand eines bloßen Scheintodes nicht zu Eigen gemacht."[2]

Fakt ist, die Kreuzigung, als Bedingung für die Auferstehung, hat stattgefunden. Doch wie sieht es mit der Auferstehung selbst aus? Hierfür liegen keine historischen Beweise vor, es gibt jedoch zahlreiche Hinweise (Indizien), die für eine Auferstehung sprechen. Neben den Konsequenzen, die aus einem Glauben an die Auferstehung resultieren (und die keinesfalls so ‚krass' ausgefallen wären, wären die frühen Christen nicht von der Auferstehung völlig überzeugt gewesen), wie die Entwicklung der Kirche, aber auch wie das Märtyrertum im Zusammenhang mit den Christenverfolgungen in den ersten Jahrhunderten nach Christus, gelten besonders zwei Ereignisse als nahezu existenziell in Bezug auf die Auferstehung, zum einen das leere Grab, zum anderen die Erscheinungen Christi nach seinem Tod.

2.1 Das leere Grab

Eben weil das leere Grab unter Christen als eines der Hauptbelege für die Auferstehung angesehen wird, geriet es oft in den Mittelpunkt kritischer Diskussionen, woraus sich

---

[1] Verschiedene außerbiblische Quellen sind im Anhang beigefügt
[2] *Hempelmann, Heinzpeter*: Jesus lebt - das Grab ist leer! Wie glaubhaft ist die Auferstehung?, Wuppertal (Brockhausverlag), 2002, S. 17

einige Theorien entwickelten, die das leere Grab ohne eine Auferstehung Christi erklären sollen. Die drei am meisten verbreiteten Theorien werden nun im Folgenden kurz dargestellt und widerlegt. Der erste Erklärungsversuch ist am ältesten und wird als Einziger in der Bibel erwähnt, in Mt. 28, 11-15, wo die Hohepriester Soldaten bestechen, das Gerücht zu verbreiten, die Jünger selber hätten Jesu Leichnam gestohlen. Die Tatsache, dass Matthäus dies erwähnt und nicht widerlegt, vermutlich weil es für ihn schlichtweg offensichtlich war, dass es nicht der Wahrheit entsprach, widerlegt diesen Erklärungsversuch. Analysiert man in den vier Evangelien das Verhalten der Jünger, so wird zudem deutlich, dass dieses unterstellte Handeln gegen ihr Wesen spricht. Auch die Theorie, die römischen Behörden hatten den Leichnam gestohlen, ist schlichtweg Unsinn, gerade sie waren am wenigsten an einem Aufruhr interessiert, nicht umsonst haben sie das Grab bewachen lassen. Ein anderer besonders seit Ende des achtzehnten Jahrhunderts verbreiteter Erklärungsversuch besagt, Jesus war gar nicht tot, sondern nur scheintot oder ohnmächtig. Ganz simpel lässt sich hier entgegensetzen, dass die Wahrscheinlichkeit, eine Kreuzigung zu überleben, sehr gering war, und angenommen jemand hätte sie überlebt, so wäre es ihm niemals möglich gewesen, nach drei Tagen einen schweren Grabstein weg zu schieben.

J. N. D. Anderson, Rechtsanwalt und Professor für orientalisches Recht an der Universität London, erläutert zusammenfassend:

„Haben Sie beachtet, dass sämtliche Hinweise auf das leere Grab in den Evangelien vorkommen, die ja geschrieben wurden, um der christlichen Gemeinde die Tatsachen zu liefern, die sie wissen wollte? In der öffentlichen Predigt an Ungläubige dagegen, wie sie die Apostelgeschichte berichtet, haben wir eine starke Betonung der Tatsache der Auferstehung, aber keinen einzigen Hinweis auf das leere Grab. Warum wohl? Für mich gibt es nur eine Antwort: Es nützte nichts, über das leere Grab zu debattieren. Jeder, ob Freund oder Feind, wusste, dass es leer war. Die einzigen Fragen, die es sich zu erörtern lohnte, waren, warum es leer war und was dieses Leersein bewies.“[3]

2.2 Erscheinungen Christi nach seinem Tod

Die zahlreichen Erscheinungen Christi nach seiner Kreuzigung gelten neben dem leeren Grab als Hauptindizien für die Auferstehung. In der Zeit nach seinem Tod bis zur Himmelfahrt, 40 Tage danach, ist Christus verschiedenen Menschen an unterschiedlichen Orten und in unterschiedlichen Weisen immer wieder erschienen. An verschiedenen Stellen in der Bibel wird davon gezeugt. Die Frauen am Grab (Mt. 28, 1-10; Mk. 16, 1-10; Lk. 24, 1-10; Joh. 20, 1-18), die Emmausjünger (Mk. 16, 12-13; Lk. 24, 13-35), der

---

[3] *Anderson, J. N. D.:* The Resurrection of Jesus Christ, in: Christianity today, 29.März 1968, S.4 ff.; Übersetzung von *Rall, C.*

zweifelnde Thomas, welcher Jesu Narben berühren konnte (Joh. 20, 24-31), die übrigen Jünger (Mt. 28; Mk 16; Lk. 24; Joh. 20+21) und fünfhundert weitere Augenzeugen, die ihn zur selben Zeit gesehen hatten (1. Kor. 15, 1-11), sind alle Zeugen des auferstandenen Christus, die für ihren Glauben auch ihr Leben einsetzten. Die Behauptung, dass die Erscheinungen nur Halluzinationen seien, kann nicht gehalten werden, wenn man sich näher mit den medizinischen Ursachen von Trugwahrnehmungen befasst. Schaut man sich die große Zahl der Menschen an, die Jesus Christus nach seinem Tod gesehen haben wollen, und bedenkt man, dass dies an verschiedenen Orten, über eine Zeit von 40 Tagen lang geschah, z. T. auch gegen den Willen der betroffenen Personen (Maria glaubte erst, sie sähe den Gärtner; die Emmausjünger bemerkten es erst, nachdem Jesus wieder verschwunden war; Thomas zweifelte), so kann es sich nicht um Halluzinationen gehandelt haben. Zudem konnte Thomas den Auferstandenen sogar berühren. Paul Little führt außerdem auch „moderne, persönliche Belege" für die Auferstehung an, die Menschen, die bezeugen, Jesus Christus habe ihr Leben verändert[4]. Zusammenfassend bemerkt der britische Theologe B. F. Westcott: „*In der Tat, wenn man alle Beweise zusammenfasst, kann man sagen, daß kein historisches Ereignis besser oder verschiedenartiger bewiesen ist als die Auferstehung Christi.*"[5].

3. Deutung und Interpretation der Auferstehung

3.1 Die Deutung durch Paulus

Für Paulus, der das Ostergeschehen in seinem, für ihn bedeutenden Damaskuserlebnis manifestiert sieht, hat die Auferstehung einen stark „axiomatischen Charakter"[6], weil für seine theologische Deutung die Auferstehung logischerweise Bedingung und Ausgangspunkt ist. Wie in 2. erwähnt, geht Paulus in Bezug auf Kreuz und Auferstehung von einem weit mehr als nur kausalen Zusammenhang aus. Dies zeigt sich an verschiedenen Formeln im Neuen Testament, in denen Tod und Auferstehung nebeneinander stehen (wie in 1. Kor. 15, 3-5). Auch von der Soteriologie her ist eine tiefgehendere Zusammengehörigkeit zwischen Kreuz und Auferstehung, zwischen Tod und Leben, logisch. Jesu Tod für die Menschen, an dem der Mensch selbst Anteil hat, da er von der Sünde erlöst wird, ist nur im Zusammenhang mit Christi Auferstehung, als Sieg über

---

[4] Vgl. *Little, P.*: Ich weiß, warum ich glaube, Neuhausen-Stuttgart (Hänssler), 1977, S. 55 f.
[5] *Westcott, B. F.*, zit. *bei Little, P.*: Ich weiß, warum ich glaube, Neuhausen-Stuttgart (Hänssler), 1977, S. 56
[6] Vgl. *Eckstein, H.-J. (Hg.)*: Die Wirklichkeit der Auferstehung, Neukirchen-Vluyn (Neukirchener Verlag), 2002, S. 41

den Tod und die Sünde, heilsbegründend. Was im Tod begann, findet in der Auferstehung seine Vollendung. Erst lädt Jesus Christus mit seinem Tod die Sünde der Welt auf sich und besiegt sie dann mit seiner Auferstehung. Martin Hauger schreibt: „*In der Auferweckung Christi kommt das Heilshandeln Gottes durch Christus zu seinem eigentlichen und folgerichtigen Ziel.*"[7]. Durch die Auferstehung ergibt sich konsequenterweise auch eine neue eschatologische Hoffnung, an der der Mensch ebenfalls wieder Anteil hat. „Die Auferweckung des Christus ist [somit] eine Vorwegnahme des apokalyptisch verstandenen endzeitlichen Heils […]. Was Gott an Christus getan hat und an den Christen in der eschatologischen Totenauferweckung vollziehen wird, das tut er bereits jetzt im Leben der Christen […]"[8] durch den heiligen Geist, was auch in der Taufe sichtbar wird. Wichtig dabei ist aber auch, dass Christi Auferweckung nicht nur eine Vorwegnahme der Totenauferweckung ist, sondern er selber ist daran beteiligt. Hauger erläutert diesbezüglich: „Seine [Jesus Christus] und nur seine Pneumaexistenz hat lebenschaffende Qualität"[9]. Stellvertretend für Kreuz und Auferstehung ist also auch die Taufe, in der der Mensch - sinnbildlich durch das Wasser - den Weg des Todes und der Auferstehung nachgeht, und dann zu einem neuen Menschen wird, der mit Christus auferweckt wird. Durch die Auferstehung Christi sind wir Menschen also auch mit Gott verbunden.[10] Da Paulus davon ausgeht, dass die Auferstehung Christi und die Totenauferweckung eng miteinander verbunden sind, geht er auch davon aus, dass die Auferstehung „nicht nur Neuschöpfung, sondern [auch] Schöpfungsvollendung"[11] ist. Dies wird deutlich in 1. Korinther 15, 35 ff., besonders aber in den Versen 42 bis 44. Ein Beleg findet sich auch in der antithetischen Gegenüberstellung von Adam und Christus in Vers 45 bis 49.

3.2 Bultmanns existentiale Interpretation

Der deutsche Theologe Rudolf Bultmann, Mitbegründer der Formgeschichte, entwickelte, mit der Intention, die Auferstehung mit Hilfe der Entmythologisierung des neuen Testaments für die moderne naturwissenschaftlich geprägte Welt verständlich zu machen, die existentiale Interpretation. Dabei geht er davon aus, dass die biblische Botschaft in ihrer Komplexität nicht verschiedene Aussagen enthalte, sondern das eine

[7] *Eckstein, H.-J. (Hg.)*: Die Wirklichkeit der Auferstehung, Neukirchen-Vluyn (Neukirchener Verlag), 2002, S. 42
[8] a. a. O., S. 43
[9] a. a. O., S. 52
[10] Vgl. 1. Kor 6,14; 2. Kor 4,14; 2. Kor 13,4; Röm 6
[11] *Eckstein, H.-J. (Hg.)*: Die Wirklichkeit der Auferstehung, Neukirchen-Vluyn (Neukirchener Verlag), 2002, S. 48

Wort repräsentiere.[12] Als Konsequenz seiner Entmythologisierung glaubt Bultmann nicht an die Historizität der Auferstehung, wohl aber an eine kerygmatische Auferstehung. Der historische Jesus, dessen Existenz historisch als gesichert gilt, habe gelebt und sei auch am Kreuz gestorben, doch seien die Einheit des Kreuzes und der *leiblichen* Auferstehung Christi, sowie auch die eschatologische *leibliche Auferstehung*[13], Mythen, die sinnbildlich für Gottes Heilshandeln stehen. Bultmann sieht „die Pointe der Leibvorstellung in der Gottesfrage [...]. Weil ich Leib bin, habe ich keinen Schlupfwinkel vor Gott. Gottes Herrsein erstreckt sich auf meine ganze Existenz."[14]. Das Kreuz solle daher „nicht als menschliches Sterben ins Auge gefasst werden [...], sondern als das befreiende Gericht Gottes über die Welt, das als solche den Tod entmächtigt [...]."[15] Daher ergibt sich, dass die Auferstehung kein historisches Ereignis und Wunder sei, sondern der „Ausdruck der Bedeutsamkeit des Kreuzes"[16]. Da mythische Elemente, wie Sühne, Opfer und Stellvertretung wegfallen[17], erschließt sich „die Bedeutsamkeit des Kreuzes nach Bultmann nicht vom Kreuz selbst her auf, sondern in dem von ihm *verschiedenen* Geschehen der Auferstehung."[18]. Der einzige Ort zu dem Christus auferstanden sei, sei das Kerygma. Bultmann betont deutlich: „Christus, der Gekreuzigte und Auferstandene, begegnet uns im Wort der Verkündigung, nirgens anders."[19] Hier wird zum einen die kerygmatische Sicht Bultmanns deutlich, dass wir durch das Kerygma, durch das verkündigte Wort, gegenwärtig mit Christus verbunden sind, zum anderen deutet er das Kreuzgeschehen als Gericht Gottes. Die Auferstehung sieht er allerdings weniger als Brücke zum ewigen Leben an, sondern als „eschatologische Tat Gottes, d.h. durch Christus ist der Tod besiegt, das Gericht Gottes ist da, und zugleich wird der Dienst der Versöhnung verheißen."[20]. Nicht nur durch seine Entmythologisierung, sondern auch durch seine radikale Interpretation der Auferstehung Christi, hat sich Bultmann viele Kritiker geholt. Zudem hat er auch seine ursprüngliche Intention verfehlt. Antje Fetzer schreibt: „Aufschlussreich ist es nun, daß Bultmann exakt aufgrund seines Anspruchs, zu heutigen Menschen zu reden, mit seiner Auferstehungsdeutung theolo-

---

[12] Vgl. a. a. O., S. 97
[13] Vgl. 1. Kor. 15
[14] *Eckstein, H.-J. (Hg.)*: Die Wirklichkeit der Auferstehung, Neukirchen-Vluyn (Neukirchener Verlag), 2002, S. 103
[15] *Bultmann*, Neues Testament und Mythologie, S. 47 f.
[16] a. a. O., S. 38 f.
[17] Vgl. *Kienzler, K.*, Logik der Auferstehung, Eine Untersuchung zu R. Bultmann, G. Ebeling und W. Pannenberg, Freiburg (Herder-Verlag), 1976, S. 59
[18] a. a. O., S. 59
[19] *Bultmann*, Neues Testament und Mythologie, S. 49
[20] *Bartsch, H. W. (Hg.)*, Kerygma und Mythos, Bd. 1: Ein theologisches Gespräch, Hamburg, 1954, S. 44 ff.

gisch stärkeren Anstoß erregt[,] als die näher an allgemein-menschlichen Sehnsüchten gelagerte In-Aussicht-Stellung des Paradieses."[21].

3.3 Die Deutung Dietrich Bonhoeffers

Im Gegensatz zu Rudolf Bultmann, der nicht von der Historizität der leiblichen Auferstehung überzeugt war, ist es für Bonhoeffer eindeutig, dass Jesus Christus leiblich auferstanden ist. Für ihn gilt es auch als historisch gesichert, dass das Grab leer war, auch wenn er dies nicht als Voraussetzung oder Beweis für die Auferstehung, sondern als Folge eines Glaubens an die Auferstehung Christi versteht[22]; ausschließlich wie es zu einem leeren Grab kommen konnte, d.h. wie Jesus Christus auferstanden ist, lässt sich nicht klären. Dass dies passiert ist, ist für Bonhoeffer ein Faktum. Auch in seinem Leben hat Bonhoeffer die Auferstehung „sehr Ernst genommen, beides, von der Auferstehung Christi her zu leben und dann in der Folge, der Nachfolge mit dazu beizutragen, dass ein neuer, reinigender Wind in die gegenwärtige Welt hineinweht."[23].

In seinem Theologischen Brief zu Ostern (1940), präsentiert Bonhoeffer verschiedene Deutungsansätze zur Auferstehung, die im Folgenden erläutert werden.

Zum einen sei „die Auferstehung Jesu Christi […] Gottes Ja zu Christus und seinem genugtuenden Werk."[24]. Bonhoeffer ist es wichtig zu unterstreichen, dass Gott sich zu seinem Sohn und zu dessen Werk bekennt, und zwar nicht aufgrund von Gesetzmäßigkeiten, sondern aus freier Gnade. Er interpretiert das Auferstehungsgeschehen als Vollendung der Menschwerdung Jesu. Als Jesus auf die Erde gekommen ist, habe er einen Teil des Göttlichen aufgegeben, den er bei der Auferstehung wiederbekam. Zum anderen sei die Auferstehung „Gottes Ja zu uns […] [und] zur Kreatur."[25]. Gott steht zu den Menschen, sonst hätte er sie weder erschaffen noch von der Sünde durch Christus Tod befreit. Er hat nicht nur Christus angenommen, sondern vielmehr alle Menschen. Deutet man die Auferstehung in dieser ‚mythischen' Sichtweise, so wird deutlich, dass Gott nicht gegen, sondern für das Leben, für eine „Neuschöpfung der Leiblichkeit"[26] ist. Außerdem sieht Bonhoeffer in der Auferstehung auch eine enorme Herausforderung für

[21] *Eckstein, H.-J. (Hg.)*: Die Wirklichkeit der Auferstehung, Neukirchen-Vluyn (Neukirchener Verlag), 2002, S. 108
[22] Vgl. *Bonhoeffer, D.*, Theologischer Brief zu Ostern, Berlin, 1940, in: *Weber, M. (Hg.)*, Das Außerordentliche wird Ereignis, Kreuz und Auferstehung, Gütersloh (2004), S. 68
[23] Aus einer Osterpredigt von Matthias Jung; INTERNET: http://matthias-jung.de/ostern_1995.htm und *Dietrich, Bonhoeffer*, Widerstand und Ergebung, 1977
[24] *Bonhoeffer, D.*, Theologischer Brief zu Ostern, Berlin, 1940, in: *Weber, M. (Hg.)*, Das Außerordentliche wird Ereignis, Kreuz und Auferstehung, Gütersloh (2004), S. 66
[25] a. a. O. S. 66 f.
[26] ebd.

den Glauben, da sie historisch nicht beweisbar ist, sondern nur durch die Schrift bezeugt wird. Er sieht dies aber als reine Gnade an, denn hätte sich Christus der Welt „sichtbar offenbart [...], wäre das Ende und damit das Gericht über den Unglauben da."[27]. Des weiteren geht Bonhoeffer davon aus, dass der gläubige Mensch mit Christus verbunden ist, nicht nur durch das Kerygma, sondern durch den heiligen Geist als dritte Offenbarungsform der göttlichen Trinität, der den Menschen nicht nur zum Glauben befähigt, sondern ihn auch mit Jesus Christus verbindet. Auch in der Taufe sieht Bonhoeffer die Verbindung bzw. die Teilhabe an der Auferstehung und den Ruf zur Nachfolge. Luise Burmeister spricht in diesem Zusammenhang von einer „Auferstehung in die Nachfolge"[28]. In dem Zitat von Matthias Jung (s. o.) ist deutlich geworden, dass Bonhoeffer gerade diesem „Ruf zur Nachfolge"[29] in seinem Leben gefolgt ist.

3.4 Gerd Lüdemanns Rekonstruktion der Auferstehung

Um noch eine zweite kritische Position zur Auferstehung Christi vorzustellen, wird im Folgenden die Deutung des deutschen Theologen Gerd Lüdemann beleuchtet. Gerd Lüdemann wurde 1946 in Visselhövede geboren und bekam nach mehrjähriger wissenschaftlicher Ausbildung 1983 eine Professur für Neues Testament an der Georg-August-Universität Göttingen. Zuvor war er auch als Dozent, sowie als ‚Assistant' Professor im theologischen Bereich tätig. Als er 1994 begann seine kritischen Thesen im Zusammenhang mit der Auferstehung zu veröffentlichen, die dann in einem öffentlichen Brief (abgedruckt in der Evangelischen Zeitung, 15.09.1996) an den Präses der evangelischen Kirche im Rheinland, Peter Beier, mit der Überschrift „Der auferstandene Jesus ist die Leiche im Keller der evangelischen Kirche", gipfelten, wurde sein Lehrstuhl umgewidmet in „Geschichte und Literatur des frühen Christentums". An theologischen Studiengängen durfte er nicht mehr mitwirken. Aufgrund seiner theologischen Studien geht Lüdemann davon aus, dass Jesus Christus nicht leiblich auferstanden ist. Er bezeichnet den Glauben an die physische Auferstehung Christi als nicht mehr modern und nicht mehr mit einem „von der Naturwissenschaft geprägten Wirklichkeitsverständnis [...] vereinbar."[30] Als Konsequenz dieser Sicht versucht er die biblischen Auferstehungsberichte zu rationalisieren und als Folge dessen die Auferstehung neu zu rekonstruieren. Existenziell für seinen Rationalisierungsversuch sind daher die Zeugnisse vom leeren

---

[27] a. a. O., S. 69
[28] *Eckstein, H.-J. (Hg.)*: Die Wirklichkeit der Auferstehung, Neukirchen-Vluyn (Neukirchener Verlag), 2002, S. 118
[29] Vgl. a. a. O., S. 117
[30] a. a. O., S. 167

Grab und von den Christuserscheinungen, wobei er ersteres für bedeutungslos hält und sich nur mit den Erscheinungsberichten beschäftigt. Lüdemann erkennt an, dass die Jünger die Christuserscheinungen als *wirklich* und real erfahren haben und auch nach dem damaligen Wirklichkeitsverständnis mussten, doch ist er der Überzeugung es handelte sich nicht um reales Geschehen, sondern um „innerseelische Phänomene [...], [um] Visionen."[31]. Zudem stellt er die These auf, die Jünger haben diese Visionen als Nebenwirkung eines gestörten Trauerprozesses um Jesus erfahren. Bei den Erscheinungen, die Petrus widerfahren sind, vermutet er auch eine Wunschvorstellung infolge von Schuldgefühlen. Er nimmt hier Bezug auf die dreimalige Verleugnung durch Simon Petrus[32]. Nach Lüdemann bezog Petrus „das Bild des sündenvergebenden Jesus auf [seine] aktuelle Situation und [erfährt] die Sündenvergebung als gegenwärtig gültig. Das Bekenntnis „*Jesus lebt'* ist dann die weltbildhaft-mythische Formulierung für die Aussage: Jesus [...] vergibt mir auch die Sünde, ihn im Stich gelassen [...] zu haben."[33]

In 1. Kor. 15, 1-11 werden fünfhundert Augenzeugen erwähnt, die Jesus zur selben Zeit und am selben Ort gesehen haben sollen. Dieses Phänomen deutet Lüdemann als Massenhysterie. Weiterhin sagt Lüdemann, Jesus sei nur in der Erinnerung an die historische Person Jesu lebendig. Er betont, Jesus sei nach seinem Tod nicht real, also nicht physisch auferstanden, sondern in eine „wahrhaftige Gemeinschaft mit Gott"[34] eingegangen. Er bezieht sich auch auf das Jenseits, in das Jesus eingegangen sein könnte. In den Jahren nach seinen ersten kritischen Veröffentlichungen, geht Lüdemann noch einen Schritt weiter und verabschiedet sich ganz von Jesus. Er stellt weiterhin die These auf, „auch Jesu Bezug auf Gott [müsse] nur als weltbildgebundenes Chiffre verstanden werden [...]"[35] Der „Brief an Jesus", den er in seinem Buch „Der große Betrug und was Jesus wirklich sagte und tat" veröffentlichte, wird im Folgenden abschließend teilweise zitiert: „Meine Versuche, durch Interpretation die Wirklichkeit Deiner ‚Auferstehung' als Erfahrung von Vergebung, als Erfahrung von Ewigkeit und als Erfahrung des Lebens zu bestimmen, mußten [...] scheitern, weil diese Erfahrungen auch abgesehen von Deiner Person und Deiner ‚Auferstehung' gemacht werden können und nicht von dem, was du Gott nanntest, abhängen. Der Rekurs auf den geschichtlichen Jesus offenbart

---

[31] a. a. O., S. 169

[32] Vgl. Mt. 26, 69 ff.; Mk. 14, 66 ff.; Lk. 22, 54 ff.; Joh. 18, 15 ff.

[33] *Eckstein, H.-J. (Hg.)*: Die Wirklichkeit der Auferstehung, Neukirchen-Vluyn (Neukirchener Verlag), 2002, S. 170

[34] *Lüdemann, G.*, Die Auferstehung Jesu. Historie, Erfahrung, Theologie (Vandenhoeck & Ruprecht-Verlag), 1994, S. 219

[35] *Eckstein, H.-J. (Hg.)*: Die Wirklichkeit der Auferstehung, Neukirchen-Vluyn (Neukirchener Verlag), 2002, S. 172

nicht mehr das singuläre Urbild eines auch heute noch tragfähigen Ewigkeitsvertrauens, sondern einen Propheten, dessen Botschaft in ihrem Kern ganz einem heute obsoleten Welt- und Gottesbild verhaftet geblieben ist und dessen Hoffnungen zudem von der Wirklichkeit dementiert worden sind – vom Humbug deiner ‚Auferstehung' ganz zu schweigen. Deßhalb [sic!] muß religiös Schluß sein mit uns beiden […] – endgültig."[36]

4. Fazit

Im Verlauf der Facharbeit ist deutlich geworden, dass verschiedene, z. T. auch sehr gegensätzliche Ansätze und Interpretationen im Zusammenhang mit der Auferstehung Christi vorhanden sind. Die breit gefächerten Positionen zur Auferstehung, insbesondere bei Theologen, zeigen, es gibt keine objektive Herangehensweise an die Deutung der Auferstehung, was zum großen Teil an der zeitlichen Differenz liegt, aber auch an den unterschiedlichen Weltbildern. Auf der einen Seite, vor zweitausend Jahren ein natürliches, mythisch-geprägtes Weltbild, auf der anderen Seite, eine moderne aufgeklärte wissenschaftliche Welt. Dieses naturwissenschaftliche Weltbild erschwert den Zugang zu einem Ereignis, das zweitausend Jahre zurückliegt. Es schränkt erheblich die Möglichkeit ein, an Wunder zu glauben, wie es das Wirken Gottes in der Welt und an den Menschen, die Heilung von Menschen, wie auch die Auferstehung Jesu Christi sind. Wichtig ist: Die unterschiedlichen Deutungen und Interpretationen verschiedener Theologen können nur Hilfestellung sein, entscheiden ob und wie jemand an die Auferstehung Jesu Christi glaubt, kann jeder Mensch nur selbst. Bedeutend hierbei ist zum einen die heilige Schrift als Offenbarung Gottes, aber auch persönliche Erfahrungen mit Gott und die Gemeinschaft, insbesondere der Austausch mit anderen Christen.

---

[36] *Lüdemann, G.*, Der große Betrug. Und was Jesus wirklich sagte und tat, 1998, Einleitung, ap. *Oberdorfer B.*, in: *Eckstein, H.-J. (Hg.)*: Die Wirklichkeit der Auferstehung, Neukirchen-Vluyn (Neukirchener Verlag), 2002, S. 172

5. Literaturverzeichnis

Hempelmann, H.	Jesus lebt – das Grab ist leer! Wie glaubhaft ist die Auferstehung? Wuppertal (Brockhausverlag), 2002
Anderson, J. N. D.	The Resurrection of Jesus Christ. In: Christianity today, 29. März 1968
Little, P.	Ich weiß, warum ich glaube. Neuhausen-Stuttgart (Hänssler), 1977
Eckstein, H.-J. (Hg.).	Die Wirklichkeit der Auferstehung. Neukirchen-Vluyn (Neukirchener Verlag), 2002
Bultmann, R.	Neues Testament und Mythologie. 1941
Kienzler, K.	Logik der Auferstehung. Eine Unersuchung zu R. Bultmann, G. Ebeling und W. Pannenberg. Freiburg (Herder-Verlag), 1976
Bartsch, H. W. (Hg.).	Kerygma und Mythos, Bd. 1: Ein theologisches Gespräch. Hamburg, 1954
Weber, M (Hg.).	Das Außerordentliche wird Ereignis, Kreuz und Auferstehung. Gütersloh, 2004
Jung, Matthias	http://matthias-jung.de/ostern_1995.htm vom 04. März 2006
Bonhoeffer, D.	Widerstand und Ergebung. 1977
Lüdemann, G.	Die Auferstehung Jesu. Historie, Erfahrung, Theologie. (Vandenhoeck & Ruprecht-Verlag), 1994

Die BIBEL, nach der Übersetzung Martin Luthers in der revidierten Fassung von 1984